あなたならどうする！
《スカーフ編》

あなたはどうやって
スカーフをとめていますか？

　スカーフという布の魅力にとりつかれて、かれこれ50年近くにもなります。私の作るスカーフは長方形のものばかり。なぜロング・スカーフなのか、改めて考えてみました。

　「正方形のスカーフ」の背景には脈々とした洋装文化があるように、日本文化にも和装にかかせないショールがあります。肩にかけたり、身体を包む布という意味ではメキシコのポンチョ、見事に巻きつけていくインドのサリーやターバンなどもあります。正方形も、長方形も、ともに一枚の布ながら固有の歴史を持ち、それぞれの民族文化につちかわれ、洗練されてきたものばかりです。日本の着物は、縫ってはいますが、「長方形」の布の直線仕立てですし、その着物の肩にかけたショールも「長方形」。大は小を兼ね、便利ですぐれものの長方形に私がこだわるのは和服が好きな日本人だからかもしれません。

　このところ、ゆとりのある、個性的なおしゃれを自在に楽しむようになった女性たちに向けて、スカーフテクニックの本がたくさん出版されています。でもみなさんは「留めたいとき」はどうしていますか？　しばしば結びなおしたり、アレンジしなおしたりと、とにかく気になるスカーフではないでしょうか。仕事柄、首まわりのおしゃれをおすすめすることの多い私は、ほどけやすく、崩れやすいスカーフを上手に留めるために「はなごむ」を作りだしました。これは、スカーフを思いどおりにアレンジし、その形を固定するためのものです。

　また、もう一つ、私はタンスに眠ったままになっている和装小物のことが気になって仕方ありませんでした。美しいもの、大事なものほど、生かしてこそ、身につけてこそのもの、という思いです。着物の小物は、たいてい大量生産のできない、手のかかる職人芸だからかもしれません。

　この本は、どこの家にもあるだろう小物を思い出していただくことや、大切な布に傷をつけないで、と願う私からのメッセージでもあります。

横田尚子

- 2 ……… はじめに
- 4 ……… はなごむ　基本の使い方

はなごむ・スカーフアレンジメント

- 6 …… 01 シンプルなリボン留め
- 8 …… 02 「記念日」から「オフィス」まで
- 10 …… 03 シンプルなワンピースを華やかに
- 12 …… 04 エレガントな女性らしさを演出
- 14 …… 05 大判スカーフで浜辺のサマーパーティー
- 16 …… 06 スカーフ・ターバン
- 24 …… 07 へこ帯がフォーマル・ブラウスに
- 26 …… 08 お母さまやおばあさまがお持ちの和装小物を使って
  　　　　　　　　　　　　　　　～組ひものビスチェ
- 27 …… 09 和装小物を使って～きもの用ショールで上品に
- 28 …… 10 和装小物を使って～帯揚げと帯締めで

はなごむを使わないアレンジ：
　　ヘア小物やアクセサリーを使って

- 20 …… 01 ときにはストール、ボレロ風
- 21 …… 02 どこにでもある物でも一工夫で
- 22 …… 03 ヘア小物を使って
- 23 …… 04 ネックレスを使って

- 18 …… 伝線してしまったストッキング。
  　　　　　もったいないから、何かに使えない？
- 30 …… スカーフが2枚ある時に、あなたなら何を作りますか？

- 32 …… 著者紹介

はなごむ　基本の使い方

◉まずは、基本の5枚通しをしてみましょう。

スカーフは自然素材のものを使うと、形がくずれにくいのでオススメです。

1 花びらを作りたい場所でスカーフをひきだして、花びらを作ります。

2 一度にあまり沢山の布を引き出さず、少しずつ引き出すときれいに作りやすいです。

《引き出す長さの目安》
小さな花ならば3〜4cm
ボリュームを出したい時は5〜8cm

3 5ヶ所のゴムに布を通したら、好みの大きさに整えます。

はなごむは、かんたん3ステップ♪

◉ 10枚通しで、より華やかさを演出できます。

左ページの基本5枚通しを作り、さらに外側の布を同じところに重ねて入れると二重の花びらができます。

大切なスカーフを傷つけたくなくて
スカーフアレンジをきれいに長時間キープしたくて
もっとオリジナリティあふれるアレンジを考えたくて
「はなごむ」をつくりました。

5つの花びらから自由にスカーフを引き出せば
あなただけのスカーフ・アレンジが完成します。

01 はなごむ・スカーフアレンジメント

シンプルなリボン留め

結ぶのはどうも苦手…とおっしゃる方も多いのですが、
これさえあれば3秒でOK！！

◉手順

1 左右2ヶ所に引き出して、リボンの形にします。

2 ふんわりと形を整えます。

▶ ポイント

リボンの位置を肩に回してもおしゃれです。

▶ 使っているスカーフ

お好みのスカーフでOK
はなごむ使用

「記念日」から「オフィス」まで

愛らしさを胸元の花にこめたようなアレンジです。
特別な日はもちろん、冷房のきいた室内でもいいでしょう。スリップドレスやビスチェにも応用できます。

◉手順

1 スカーフを、右図のように折りたたんで短い方が内側にくるよう肩にかけ、はなごむの花びらを使って両端をとめます。

2 さらに残りの花びらからスカーフをバランス良く引き出し、花の形を整えます。

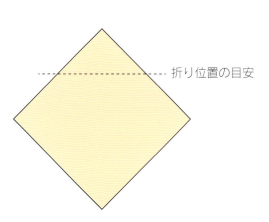
折り位置の目安

▶ ポイント
たっぷり肩にかかるように大きめのスカーフを選びましょう。無地の服なら花柄ジョーゼットなどもすてきです。

▶ 使っているスカーフ
正方形のスカーフを使用
はなごむ使用

03 はなごむ・スカーフアレンジメント

シンプルなワンピースを華やかに

だれでも1枚はもっている濃紺や黒のワンピース。
はなごむ・アレンジでこんなにゴージャスな装いになりました。
手早くできて、しかも長時間くずれません。

◉手順

1 スカーフを首にかけます。

2 はなごむの花びら2～5つを使って両端をとめ、少し横にずらして形を整えます。

▶ ポイント

はなごむの花びらは、好みに応じて2～5つ使います。使う花びらの数や引き出すスカーフの量で、仕上がりはさまざまに変化します。

▶ 使っているスカーフ

お好みのスカーフで OK
はなごむ使用

04 はなごむ・スカーフアレンジメント

エレガントな女性らしさを演出

はなごむならではの最も簡単で効果的なアレンジです。
ゴージャスなドレスやアクセサリーにも負けないスカーフ１枚の華やかさ、
それはあなた自身で簡単に手にすることが出来る大人らしさです。
スリム効果も上々、肩から思いきりのよい縦のラインが生きています。

◉手順

1　スカーフの中心より少しずらした位置にはなごむを使って花を作ります。

2　小さい花を作りたいときは少し、大きめの花の場合はたっぷり引き出します。

3　花の形を整え、スカーフの長い方を前にして肩にのせ、目立たない位置でヘアピンを使って服とスカーフを挟んで留めます。

▶ ポイント
シンプルなワンピースやスーツほど映えるアレンジです。

▶ 使っているスカーフ
大判の正方形のスカーフを使用
はなごむ、ヘアピン使用

05 はなごむ・スカーフアレンジメント

大判のスカーフで浜辺のサマーパーティー

ぐんと大判のスカーフやパレオが豊富に出回っていますが、お気に入りの1枚をお持ちでしょうか。水着やショート・パンツ、スパッツの上から簡単にアレンジできますので、ことにリゾート地にはかかせません。

● 手順

1. スカーフを身体に巻いて、前か好みの位置で少し持ち上げながらはなごむを通します。

2. 好みの数(2～5つ)の花びらを使ってしっかり留めます。

▶ ポイント

スカーフはたっぷり身体を包める大きさのものを用意しましょう。
丈が長過ぎる場合は上を内側へ折ってから身体に巻きつけます。
布によってすべって留めづらい場合は、はなごむの前にヘアゴム等でまとめると楽です。

▶ 使っているスカーフ

正方形のスカーフを使用
服地などを150～160cmぐらいカットして作っても良い
はなごむ使用

スカーフ・ターバン

風の強い日のターバン。そしてまた旅行先でのターバン ───
髪型が決まらない時などにも重宝します。
日頃からバッグに一枚入れておきましょう。

◉ 手順

1 頭を包みこむようにして、後ろへまわします。

2 後ろでクロスして、前にもどします。

3 ずれてくるので、先に両端を一度にはなびらに通してしっかりと留めます。そのあとで花を作ります。

▶ **ポイント**

スカーフはすべりにくい素材を選んでください。花を作る位置は横でも後ろでもお好きなように。

▶ **使っているスカーフ**

長方形のスカーフを使用
はなごむ使用

Question 伝線してしまったストッキング。もったいないから、何かに使えない？

Answer
ストッキングは、素材感を利用してコサージュが作れます。

女性なら誰でもお世話になるストッキング。伝線してしまっても捨てないでとっておくと、いろいろな利用法があります。このコサージュもそのひとつ。日頃、ベージュ系を使っている方は茶、ベージュ、白のグラデーションで、グレー系なら黒、グレー、白のグラデーションで作ってみましょう。
最近では淡いピンクなどのパステルカラーのストッキングも豊富に出回っていますので、あなたのセンスで個性あふれるコサージュにしてみてください。

◉手順

1. 20cmに切ったストッキングを2つ折りにします。

2. 折ったものをグラデーションを考えながらまとめていきます。

3. 根元の部分をゴムで縛り留めます。帯締めなどの紐をつけてチョーカーにしても素敵です。

▶ ポイント

仕上げてから縦に切り込みを入れると、繊細な花びらになります。
中心に鮮やかな黄色やオレンジ、赤などのタイツを入れて白あるいは黒のストッキングだけで作っても素敵です。

はなごむを使わないアレンジ：ヘア小物やアクセサリーを使って

ときにはストール、ボレロ風

アームバンドを使ってボレロ風にアレンジ。
ふだんの外出時や旅行にもこんなストールを1枚バッグにしのばせておくと便利です。

▶ ポイント
すべりにくいザックリした素材の方が落ち着きます。

はなごむを使わないアレンジ：ヘア小物やアクセサリーを使って 02

どこにでもある物でも一工夫で

冬物のストールやマフラーをバックルに通してみたら、
結ぶのとはまた違ったおしゃれなアレンジになりました。

▶ ポイント

バックルの大きさによって、布のボリューム感を考えましょう。

03 はなごむを使わないアレンジ：ヘア小物やアクセサリーを使って

ヘア小物を使って

カチューシャ、バレッタ、飾りゴム、シニヨンどめ……
身の回りにあるヘア小物もちょっと視点を変えてみたら
おしゃれで機能的なスカーフ留めになりました。

▶ ポイント

ピンなど傷をつけやすい部品は、布を痛めるので
気をつけましょう。

はなごむを使わないアレンジ：ヘア小物やアクセサリーを使って　04

ネックレスを使って

細くて長いスカーフやネクタイ、アスコットタイなどでチャレンジしてみましょう。

▶ ポイント

チェーン状になったネックレスなら、アレンジ次第で大変身します。

07 はなごむ・スカーフアレンジメント

へこ帯がフォーマル・ブラウスに

男性用のへこ帯のほとんどが黒、紺、茶色ですからフォーマルにぴったりです。パーティーの夜など、お父様やボーイフレンドにちょっと拝借してみましょう。ホームパーティーのドレスアップといったような装いになっています。

◉手順

1 へこ帯の中心で首にかけ、前でクロスさせます。

2 後ろでもう一度クロスさせ、前ではなごむに通してしっかり留めます。(好みで花の形にしてもよい)。

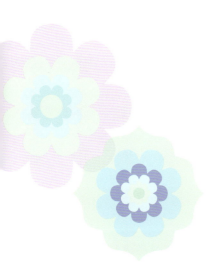

▶ ポイント

ここではドレスアップ風にアレンジしました。
はなごむではなく、ゴム入りのブレスレット等でも留まります。

▶ 使っているスカーフ

へこ帯を使用
はなごむ使用

はなごむ・スカーフアレンジメント

お母さまやおばあさまがお持ちの和装小物を使って〜 組ひものビスチェ

組ひもをネックレスがわりにして、おしゃれなビスチェにしてみました。
海外旅行先でのディナーやパーティーでも人目を引くことうけあいです。

◉手順

1. 組ひもを少しゆったりと首にまわし後ろで蝶結びにします。

2. スカーフの四隅の一つを組ひもの下から通して引っ張ります。

3. 残りのスカーフは少しゆるめに身体に巻きつけ後ろで結び、結び目を中に入れ込みます。

4. 手順2で引っ張っておいた部分とその下の布を一緒にしてはなごむに通し、しっかりと留めてから花を作ります。

2枚重ねて花を作る

● ポイント

スカーフで帯締めをはさむ様に花を作ります。
組ひものかわりにベルベットのリボンやネックレスなどでもアレンジできます。

● 使っているスカーフ

帯締め、大判の正方形のスカーフを使用　　はなごむ使用

はなごむ・スカーフアレンジメント　09

和装小物を使って
～きもの用ショールで上品に

タンスの奥にお母様のきもののショールは眠っていませんか？
上にシンプルなスーツを合わせて、襟元だけ見せると
まるで高級レースのブラウスのような表情をつくることもできます。

◉手順

1 きもの用のショールを肩にかけ、はなごむの花びら2～3ヶ所を使って両端をとめます。

2 襟元に少し余裕をもたせて作ります。大きさや形を整えます。

● ポイント

襟元だけ見せるアレンジの時に、スカーフを使っても素敵です。
そのほか自然な発想で身近なものでチャレンジしてみてください。

● 使っているスカーフ

きもの用ショールを使用
はなごむ使用

10 はなごむ・スカーフアレンジメント

和装小物を使って 〜 帯揚げと帯締めで

ぼかしや絞り、刺繍…。伝統ある和装小物には上品で素敵なものがたくさんあります。
シックな帯揚げと帯締めをバランスよく組み合わせ、スカーフ風にしてみました。
シンプルなブラウスやワンピース、ジャケットのポイントに！

ポイント

シンプルな帯揚げだけのアレンジ例。5枚の花びらを作ります。
着物の小物は、日本人によく合うサイズ。後ろに流してエレガントに仕上げます。

> ● ポイント

帯揚げと帯締めを重ねて一緒に花びらを作る、上級編のアレンジです。花びらは2～3ヶ所を使って作り、最後にバランス良く帯締めが見えるように調整します。

Question スカーフが2枚ある時に、あなたなら何を作りますか？

Answer
スカーフ2枚で素敵なボートネックブラウスが作れます。

正方形の大判スカーフを2枚重ねて、下図のようにカットします。中表にして、縫い位置を縫います。シルク製のスカーフは、着た時に出る落ち感が自然なドレープになり素敵です。

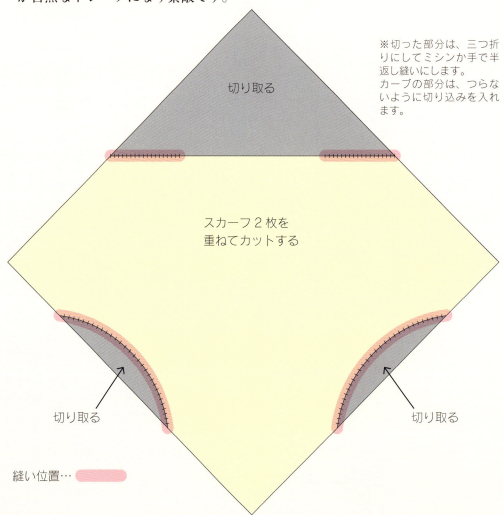

※切った部分は、三つ折りにしてミシンか手で半返し縫いにします。
カーブの部分は、つらないように切り込みを入れます。

スカーフは同じ柄でなくても、前後の柄が違っても素敵。気分によってどちらを前にして着てもOKです。
切り取った部分をつないで、同じ柄のミニスカーフを作ってみましょう。

あとがき

前回、「マジカルスカーフアレンジメント」(パルコ出版)が出てから、20年になります。昨今は、男性もおしゃれにスカーフを使用する時代。ただ、首にかけるだけではなく、女性ならではの首まわりを楽しんで欲しいと思っています。

この本は、"知って得するおしゃれのアイデア"を皆さまにお伝えしたく『あなたならどうする!』というネーミングにいたしました。

スカーフの他にも和の品々や、捨てるに捨てられない布や糸! みんなが1つは持っているそんな品々でも、私の"もったいない病"というスパイスできっと素敵に変身していただけると思います。次はどんなアイデアが湧くことでしょうか? 私も楽しみにしながら、お役に立つ情報をお伝えできるその時をまちます。

日頃、私のニットをご愛用くださる全国の皆さま、編集に携わってくださった亥辰舎の皆様、背中で支えてくれているスタッフに感謝いたします。

横田尚子

横田尚子●よこた・なおこ

生活プランナー。東京都出身。1973年小笠原諸島母島で家族と住む。子育てをする中で大自然と向き合い環境を考える。77年に東京に戻り、生活者の視点から素材にこだわる独自の天然素材を使用したニット製品を提案。パッケージや小物に至るまで人の身体を考えた商品作りが特徴。実用申請特許の「はなごむ」や「アレンジマット」など多数の商標を持つ。キモノのリフォームやスカーフのおしゃれ講座でセミナーやテレビに出演。企画プランナーとしても活躍。著書に『マジカルスカーフアレンジメント』(PARCO出版)、『きっと貴方だってできる 横田尚子のファッションクリニック』(マリア書房)がある。

[尚子工房] 〒158-0083 東京都世田谷区奥沢6-20-1-102
TEL.03-3705-5650 FAX.03-3705-5693
ご相談はお手紙かファックスにて。ただしお返事が大変遅くなる場合もございますので、あらかじめご了承ください。

『あなたならどうする! スカーフ編』

2015年8月15日 初版第1刷発行

著　　者：	横田尚子
撮　　影：	横田昌彦
協　　力：	和装 (有) きものギャラリーふくし　TEL.011-222-1211
	横浜スカーフ (株) スタイル　TEL.045-534-6367
	フランススカーフ 尚子工房　TEL.03-3705-5650
	ネックレス プレイス 清水かづみ　TEL.03-3332-1400
モ デ ル：	角田亜矢子
デザイン：	シマノノノ
編　　集：	島野聡子
発 行 人：	浅井潤一
発 行 所：	株式会社 亥辰舎
	〒612-8438 京都市伏見区深草フチ町1-3
	TEL.075-644-8141　FAX.075-644-5225
	http://www.ishinsha.com

定価:926円+税

ISBN978-4-904850-48-0
© 2015Naoko Yokota　© 2015ISHINSHA　Printed in JAPAN